격정에서 평화까지

제임스 앨런의 생각 시리즈 ♣7

FROM PASSION TO PEACE

격정에서
평화까지

제임스 앨런 지음 · 고명선 옮김 · 김미식 그림

도서출판 물푸레

옮긴이 | 고명선

고명선은 서울대학교 심리학과를 졸업하고, 동 대학원에서 종교학 석사 학위를 받았으며, 종교학 박사 과정을 수료했다. 명상요가회 동아리에서 활동하면서부터 명상에 관심을 갖게 된 이후 지금까지 동서양의 명상 전통을 폭넓게 공부해 왔다. 역서로는 『상자 안에 있는 사람, 상자 밖에 있는 사람』, 『당신이 어디를 가든 거기엔 당신이 있다』, 『생각하는 모습 그대로 II』가 있다.

그림 | 김미식

김미식은 1958년 여주에서 태어나 자신만의 그림 세계를 열정적으로 펼쳐가고 있으며, 그동안 다수의 개인전과 그룹전을 열었다. 주요 개인전을 보면 2005년 인사아트센터, 2005년 뉴욕 첼시아트센터, 2006년 KBS 등이 있으며 2009년 5월 1일 일본 동경에서 기획전이 열린다. 또한 도서출판 물푸레와 공동으로 '영국이 낳은 신비의 작가 제임스 앨런과 여류화가 김미식의 현대미술의 만남' 이란 주제로 《제임스 앨런 생각시리즈》를 진행하고 있다.

격정에서 평화까지

지은이 | 제임스 앨런
옮긴이 | 고명선 그림 | 김미식
펴낸이 | 우문식
펴낸곳 | 도서출판 물푸레

초판 1쇄 인쇄 2009년 3월 10일
초판 1쇄 발행 2009년 3월 15일

등록번호 | 제 1072-25호
등록일자 | 1994년 11월 11일
경기도 안양시 동안구 호계 1동 950-51
TEL | (031) 453-3211, FAX | (031) 458-0097
e-mail | mpr@mulpure.com
homepage | www.mulpure.com

이 책의 한국어판 저작권은 베스툰코리아를 통하여
데보스출판사와 계약한 물푸레에 있습니다.
저작권법에 의하여 보호받는 저작물이므로
사전 허락 없는 무단 전재나 복제를 금합니다.

값 5,900원

ISBN 978-89-8110-268-5 04840
ISBN 978-89-8110-261-6 (세트)

차례

제임스 앨런에 대하여 _ 6

머리글 _ 12

격정 _ 16

열망 _ 26

유혹 _ 36

변화 _ 46

초월 _ 58

최상의 행복 _ 72

평화 _ 80

제임스 앨런에 대하여

　제임스 앨런은 20세기의 '신비의 문인'으로 불린다. 그의 베스트셀러인 고전 『생각하는 그대로_As a man Thinketh_』가 전세계 1,000만 명 이상의 독자들에게 알려졌지만, 정작 이 책의 저자인 그에 대해서는 별로 알려진 게 없다.

　제임스 앨런은 1864년 영국 레스터에서 태어났으며 어릴 때 그의 아버지를 따라 미국으로 갔다. 그의 아버지는 유복한 사업가였지만 좋지 않은 경제상황 때문에 1878년 파산했고, 그 다음해 비참하게 살해

당했다. 이러한 가정환경 때문에 제임스 앨런은 15세 때부터 그의 가족을 위해 일하지 않으면 안 되었다. 앨런은 결국 결혼했고, 영국 거대기업의 행정을 다루는 개인 서기관이 되었다.

38세에 그는 인생의 갈림길에 도달했다. 톨스토이의 저작들에 의해 영향받은 앨런은 돈을 벌고 소비하는 데 모든 것을 바치는 경박한 행위가 의미 없는 삶이라는 것을 깨닫기 시작하였다. 그는 직장에서 은퇴하고, 묵상의 삶을 수행하기 위해 영국 남서부

연안에 있는 작은 시골집으로 이사를 했다. 여기 해안의 골짜기에서 앨런은 그의 스승이였던 톨스토이의 교훈대로 자발적인 빈곤, 영적인 자기 훈련 그리고 검소한 삶을 통해 자신의 꿈을 수행했다.

앨런은 성경 말씀 속에 빛나는 지혜를 마음 깊이 새겼을 뿐 아니라, 동양의 고전에서 많은 깨달음을 얻었다. 글쓰기와 명상, 그리고 소일거리로 정원 가꾸는 일을 하면서 정신적인 삶을 영위할 수 있는 토양을 마련하였다.

전형적인 앨런의 하루는 아침 일찍 일어나고, 한 시간 넘게 명상을 위해 그곳에 머물렀던 바다가 내려다 보이는 절벽을 산책하는 것이었다. 그러한 가운데 눈에 띄지 않는 거미집처럼 그의 영적인 비전은 고양되고, 그가 알려고 하지 않아도 우주의 비밀이 눈앞에 펼쳐졌다. 고요한 이러한 감동들은 내부에 기억되었다. 그는 집으로 돌아온 후에, 종이에 자신이 느낀 단상들을 기록했다. 오후에는 정원을 돌보는 일에 매진했고 저녁에는 고상한 철학적 논점을 논쟁하길 원하는 마을 사람들과의 친교를 나눴다.

10년 동안 앨런은 묵상과 사색적인 삶을 살았고,

그의 저작의 로얄티로부터 나오는 적은 수입으로 생활했다. 그가 48세가 되었을 때, 그는 갑자기 우리 곁을 떠났다. 그는 참으로 미지의 사람이었고, 명성에 의해 훼손당하지 않고, 운명에 의해 좌우되지 않고 그가 원했던 삶의 방식대로 살다 죽었다. 그의 작품은 후에 문학적으로 천재적이고 영적인 것으로 인정받았다. 그러나 이것은 알려지지 않은 영국의 신비주의자가 원하던 길이었다. 그가 죽은 후에 그의 영적인 통찰력은 세계로 전파되었다.

그는 자신의 책 『생각하는 그대로*As a man Thinketh*』에서 "고결하고 숭고한 인격은 신의 은혜를 입거나 운이 좋아서 생긴 것이 아니다. 올바른 생각을 하려고 끊임없이 노력하고, 신과 같은 숭고한 생각을 소중하게 품어온 대가이다"라고 말하고 있다.

앨런은 다음과 같은 원칙을 깨달았다. 바로 "인간은 자신의 정신으로부터 분리될 수 없다"라는 것이다. 인간의 삶은 자신의 생각으로부터 분리될 수 없다. 마치 빛, 광채, 색상이 서로 분리될 수 없듯이, 정신과 생각은 인간의 삶과 떨어져 생각할 수 없는 것이다. 그러므로 생각을 변화시키면 사람을 변화시킬 수 있다는 결론이 나온다.

앨런의 이와 같이 심오하고 호소력 있는 내용 때문에 이 책은 지금까지 많은 사람들에게 읽혀지고 있으며, 현대 명상 문학의 원조로 알려져 있다. 이 한 권의 책을 읽고 얼마나 많은 이들이 감동받았는지 헤아릴 수 없을 정도이다. 이 책은 영어권 국가만 해도 수십 개의 출판사에서 출판하고 있으며, 그 밖의 나라에서도 번역 출판되고 있다. 이 책의 판매량은 줄잡아 1천만 권이 넘는 것으로 추측된다.

그는 19권의 저서를 남겼다.

머리글

 이 책의 첫 세 부분인 격정, 열망, 유혹은 보통의 인간적인 삶, 즉 정열과 연민의 정, 그리고 비극적인 이야기를 포함한 평범한 삶에 대해 설명하고, 마지막 세 부분인 초월, 최상의 행복, 평화는 평화롭고 현명하고 아름다운 신적인 삶, 즉 현자와 구세주의 삶에 대해 설명한다. 중간 부분인 변화는 그 둘 사이의 과도기적 단계이다. 그것은 인간적인 삶과 신적인 삶을 연결하는 연금술의 과정이다. 자기 수양, 자제, 극기가 신적인 상태를 구성하지는 않는다. 그것들은

신적인 상태를 성취하는 수단일 뿐이다. 신적인 삶은 완벽한 평화를 주는 완벽한 앎으로 확립된다.
제임스 앨런

제임스 앨런

격정

성자와 현인의 길, 현명하고 순수한 자의 길, 구세주가 걸었던 길, 미래의 모든 구세주가 또한 걷게 될 길 – 바로 이것이 내 글의 주제이며, 이 장章에서 간략히 설명하고자 하는 고귀하고 성스러운 테마이다.

격정은 인간의 삶에서 가장 낮은 수준에 있다. 어느 것도 이보다 더 내려갈 순 없다. 격정의 음습하고 어두운 늪에서는 세상의 음지에 속하는 것들이 스멀스멀 기어다닌다. 욕망, 증오, 갈망, 자만심, 허영심, 탐욕, 원한, 시샘, 악의, 보복, 중상, 험담, 거짓말, 도

둑질, 속임, 배반, 잔학함, 의심, 질투 등등. 이러한 것들은 격정의 가장 밑바닥에 있으면서, 울창한 원시림과 같은 사람의 마음속에서 짐승처럼 돌아다니는 맹목적이고 비이성적인 충동이자 폭력이다. 또한 후회와 고통, 괴로움과 같은 어두운 모습과 슬픔, 비애, 비탄과 같은 나약한 형상도 그 속에 있다.

현명하지 못한 사람들은 순수의 평화도, 자신의 주위를 항상 환히 비추는 성스러운 빛에 기쁨이 있음도 알지 못한 채 이러한 어둠의 세계에서 살다가 죽

는다. 위를 올려다보지 않고 항상 세속적인 방향, 육적인 방향으로 눈이 향하는 사람에게는 성스러운 빛이 쏟아진다 해도 다 헛된 일이 되고 만다.

그러나 현명한 사람은 위를 쳐다본다. 현명한 사람은 격정의 세계에서 만족을 느끼지 않으며, 좀더 차원 높은 평화의 세계로 걸음을 옮긴다. 처음에는 평화의 세계에서 누리게 될 빛과 영광이 멀리 떨어져 있는 것처럼 보이지만, 계속 올라가다 보면 점점 평화의 빛과 영광에 가까워져 찬란한 광채를 느낄 수 있게 된다.

어느 누구도 격정보다 더 낮은 차원으로 떨어질 수 없는 반면, 모든 사람은 격정보다 더 높은 곳으로 오를 수 있다. 더 낮게 떨어지는 것이 불가능한 그 가장 낮은 자리에서는 앞으로 움직이는 모든 사람이 위로 상승할 수밖에 없다. 그리고 위로 올라가는 길은 항상 바로 가까이 있으며 쉽게 찾을 수 있다. 이 길은 자기 극복의 길이다. 자신의 이기심에게 "안돼!"라고 말하기 시작한 사람, 자신의 욕망을 훈련시키고 다루기 힘든 마음의 요소를 조절하고 다스리기 시작한 사람은 이미 이 길로 들어선 것이다.

이기심은 무지에서 비롯된다

격정은 인류의 대적이며, 행복을 죽이는 살인자이고, 평화의 정반대이자 적수이다. 더럽히고 파멸시키는 모든 것은 격정에서 생겨난다. 격정은 괴로움의 원천이며, 불행을 만들며, 해악과 재앙을 퍼뜨린다.

이기심의 내적 세계는 무지에 뿌리를 박고 있으며 그 무지는 신성한 법칙에 대한, 신성한 선에 대한 무지이고 순수의 길과 평화의 길에 대한 무지이다. 격정은 암흑이며, 정신적인 어둠 속에서 잘 자라고 번성한다. 격정은 정신적인 빛의 영역으로는 들어가지 못한다. 깨달음을 얻은 마음속에서는 무지의 어둠이 파괴되며, 순수한 마음속에는 격정이 자리잡을 곳이 없다.

모든 형태의 격정은 정신적인 목마름이며, 열광이며, 고통스러운 불안이다. 화재가 위풍당당한 건물을 다 태워 버리면 꼴사나운 잿더미만 남듯이, 사람들은 격정의 불길로 인해 소진되고 그들의 행위와 업적이 악화되고 사라진다.

당신이 평화를 찾겠다고 생각한다면 격정에서 벗

어나야 한다. 현명한 사람은 자신의 격정을 정복하고 어리석은 사람은 격정에 정복당한다. 지혜를 구하는 사람은 어리석음에 등을 돌림으로써 비로소 지혜를 쌓기 시작한다. 평화를 사랑하는 사람은 그곳으로 이끄는 길로 들어서며, 걸음을 옮길 때마다 격정과 절망이라는 어두운 거주지를 더 멀리 벗어나 위로 상승한다.

지혜와 평화의 길은 이기심의 어둠과 불행을 이해하는 것

지혜와 평화의 언덕으로 가는 첫걸음은 이기심의 어둠과 불행을 이해하는 것이며, 이해하고 나면 이기심을 극복하고 이기심에서 빠져 나오는 단계가 뒤따를 것이다.

이기심, 또는 격정은 탐욕이나 눈에 띄게 무절제한 정신 상태 같은 거친 형태로만 존재하는 것이 아니다. 그것은 거만과 자아 찬양에 미묘하게 연결된 모든 숨겨진 생각들도 만들어 낸다. 그중에서 가장 기만적이고 미묘한 생각은 다른 사람의 이기심을 주의

깊게 살피고 그것 때문에 다른 사람을 비난하고 그 것에 관해 말하도록 부추기는 것이다. 그러나 다른 사람의 이기심에 끊임없이 주의하는 사람은 자신의 이기심을 극복하지 못할 것이다. 우리는 다른 사람을 비난함으로써가 아니라 자기 자신을 정화함으로써 이기심에서 벗어난다. 격정에서 평화로 이르는 길은 다른 사람에게 뼈아픈 비난을 퍼부음으로써가 아니라 자아를 극복함으로써 가는 것이다. 다른 이들의 이기심을 정복하려고 애쓰면 우리는 격정에 사로잡힌 채 남게 된다. 반면에 끈기 있게 자기 자신의 이기심을 극복하면 자유의 경지에 오른다. 자기 자신을 정복하는 사람만이 다른 사람들을 복종시킬 수 있다. 그리고 그는 격정이 아니라 사랑으로 타인을 복종시킨다.

어리석은 사람은 다른 사람들을 비난하며 자신을 정당화한다. 그러나 지혜로워지고 있는 사람은 다른 사람들을 정당화하며 자신을 비난한다. 격정에서 평화로 이르는 길은 사람들이라는 외부 세계에 있지 않다. 이 길은 생각이라는 내적인 세계에 있다. 이 길은 다른 사람들의 행동을 바꾸는 데 있지 않고, 자신

의 행위를 완전하게 하는 데 있다.

격정적인 사람은 다른 사람을 바로잡아 주려고 아주 열심인 경우가 많지만, 지혜로운 사람은 자신을 바로잡는다. 세상을 개혁하고자 한다면, 우선 자기 자신을 개혁함으로써 그 일을 시작하도록 하라. 자기 자신의 개혁은 육욕적인 요소만 제거하면 끝나는 것이 아니다. 그것은 시작일 뿐이다. 그 개혁은 모든 헛된 생각과 이기적인 목적을 극복했을 때 비로소 완성된다. 완전한 순수성과 지혜에 미치지 못했다면, 극복될 필요가 있는 자기예속self-slavery이나 어리석음의 어떤 형태가 아직도 여전히 남아 있는 것이다.

격정은 어리석고 잘못된 힘이다

격정은 삶의 구조에서 가장 밑바닥에 있다. 평화는 그 구조의 최정상이고 절정이다. 어떤 일을 시작할 때 격정이 없이는, 일을 진행할 힘이 없고, 마지막에 이룰 성취도 없을 것이다. 격정은 힘을 나타내지만, 방향이 잘못 잡히면 행복 대신에 상처를 낳는 힘이 된다. 격정의 힘은 어리석은 사람이 이용하면 파괴의 수단이 되지만, 현명한 사람이 이용하면 보호의 수단이 된다. 그 힘을 잘 조절해서 한 가지에 집중시키고 유익한 방향으로 이끌면 선한 일을 이루는 에너지가 된다. 격정은 천국의 문을 지키는 화염검이다. 이 검은 어리석은 자가 들어오지 못하도록 막고 파괴하지만, 현명한 사람은 받아들이고 보호한다.

자신이 어느 정도 무지한지 모르는 사람, 이기적인 생각의 노예가 된 사람, 격정의 충동에 굴복하는 사람은 어리석은 사람이다. 자신의 무지함을 알고, 이기적인 생각이 얼마나 공허한 것인지 깨닫고, 격정의 충동을 다스리는 사람은 현명한 사람이다.

어리석은 사람은 점점 더 깊은 무지의 나락으로 떨어진다. 현명한 사람은 점점 더 높은 단계의 지식으로 상승한다. 어리석은 사람은 욕망을 불태우고, 고통받고, 그리고 죽어간다. 현명한 사람은 열망을 갖고, 기쁨을 누리고, 풍요롭게 살아간다.

지혜를 향한 열망으로 마음의 시선을 위로 향한 채, 영적인 전사戰士는 위로 향한 길을 알아보고, 평화의 언덕에 주의를 고정시킨다.

열망

 자신의 무지를 확실하게 파악하면 깨달음에 대한 욕구가 생겨나며, 그리하여 가슴속에서 성자들의 큰 기쁨인 열망이 태어난다.

 사람은 열망의 날개를 타고 땅에서 하늘로 솟아오르고, 무지에서 앎으로 발전하며, 어둠의 그늘 밑에서 위쪽의 빛으로 나아간다. 열망이 없으면 땅바닥을 기어다니는 동물처럼 세속적이고 육욕적이며 무지하고 아무런 영감도 받지 않은 상태로 남아 있을 뿐이다.

　열망은 거룩한 것, 즉 정의, 동정심, 순수성, 사랑에 대한 동경으로서 욕망과는 구별되는 것이다. 욕망은 세속적인 것, 즉 재산, 권력이나 지배권, 저속한 향락, 감각적 쾌락에 대한 동경이다.

　날개 없는 새가 날아 오를 수 없듯이, 열망이 없는 사람은 자신이 처한 상황을 초월할 수 없고 자신의 동물적 성향을 다스리는 주인이 될 수 없다. 그러한 사람은 격정의 노예이며, 다른 사람에게 끌려 다니기 쉽고, 변화하는 사건들의 흐름 속에 이리저리 휩

쓸린다.

어떤 이가 열망을 갖게 되었다는 뜻은 그가 자신의 낮은 처지에 만족하지 못하고, 더 높은 경지를 목표로 삼았다는 뜻이다. 이것은 그가 동물성의 무기력한 잠에서 깨어나 좀더 가치 있는 위업과 보다 충만한 삶을 의식하게 되었음을 보여 주는 확실한 표시이다.

열망은 모든것을 가능하게 한다

열망은 모든 것을 가능하게 한다. 열망은 진보로 향한 길을 열어 준다. 상상할 수 있는 최고의 완벽한 경지도 열망으로 인해 접근할 수 있으며 또한 현실로 이룰 수 있다. 상상할 수 있는 것은 이룰 수도 있기 때문이다.

열망은 영감靈感과 짝을 이루는 천사다. 열망은 기쁨의 문을 열어 젖힌다. 영감이 노래를 하면 희망이 솟구친다. 음악, 시, 예언 등 모든 고귀하고 성스러운 매개체는 열망이 시들지 않고 정신이 약해지지 않은 사람의 손에 결국 놓이게 된다.

동물적인 상태가 달콤하게 느껴지는 사람은 열망을 가질 수 없다. 그는 지금까지는 만족감을 느껴왔지만, 동물적 상태의 달콤한 맛이 쓰디쓴 고통으로 바뀔 때, 슬픔을 느끼면서 보다 가치 있는 것에 대해 생각하게 된다. 세속적인 기쁨을 빼앗겼을 때 비로소 거룩한 기쁨을 열망하게 된다. 순수를 추구하게 되는 것은 불순함이 고통으로 변했을 때이다. 참으로 열망은 후회의 황폐함 속에서 불사조처럼 일어서지만, 인간은 열망의 힘찬 날개로 천국 중의 천국까지 다다를 수 있다.

열망을 가진 사람은 평화에 이르는 길로 이미 들어섰다. 제자리에 머무르지 않고 돌아가는 일도 없다면, 그는 틀림없이 평화에 다다를 것이다. 어렴풋이 본 거룩한 비전으로 정신을 끊임없이 새롭게 하면 그는 거룩한 경지에 도달할 것이다.

높은 열망과 낮은 열망
인간은 열망하는 만큼 성취한다. 어떻게 되고 싶다는 열망은 그가 실제로 될 수 있는 상태를 그대로 나타낸다. 마음을 확고하게 정하는 것은 성취 정도를 미리 결정하는 것과 같다. 인간은 온갖 저속한 것을 경험하고 알 수 있듯이, 온갖 고귀한 것도 경험하고 알 수 있다. 또한 인간이 되었듯이, 신적인 존재도 될 수 있다. 고귀하고 성스러운 방향으로 마음을 돌리는 것이 유일하게 필요한 과제이다.

생각하는 사람의 불순한 생각 외에 어떤 것이 불순함이겠는가? 생각하는 사람의 순수한 생각 외에 무엇이 순수함이겠는가? 사람은 다른 사람의 생각을 대신 하지 않는다. 각자의 순수함이나 불순함은 자기 혼자의 책임이다.

만약 어떤 이가, "내가 불순한 것은 다른 사람들이나 환경, 또는 유전 때문이다"라고 생각한다면, 어떻게 그가 자기 잘못을 극복하기를 바랄 수 있겠는가? 그런 생각은 모든 성스러운 열망을 저지할 것이며 그를 격정의 노예로 묶어 놓을 것이다. 인간은 자신의 잘못이나 불순한 행위가 자신의 것이고 자신이 불러일으킨 문제라는 것, 자기 혼자만이 그 일에 책임이 있다는 것을 충분히 실감할 때, 비로소 그것들을 극복하려고 열망할 것이며, 성취의 길이 그에게 열릴 것이며, 그는 언제 어느 방향으로 나아가야 할지 알게 될 것이다.

격정에 빠진 사람은 자기 앞에 놓인 곧은길을 전혀 보지 못하며, 지나온 과거는 온통 혼미와 우울함으로 가득 차 있다. 그는 순간적인 쾌락을 붙잡으며, 이해력을 넓히려 애쓰지 않고 지혜에 대해 생각하지도 않는다. 그의 길은 혼란스럽고, 거칠고 괴로우며, 그의 마음은 평화와 거리가 멀다.

격정과 열망의 경로

열망을 가진 사람은 거룩한 경지까지 나아가는 길이 자기 앞에 놓인 것을 보며, 이제까지 어둠 속에서 더듬거리며 걸어왔던 격정의 우회로가 자기 뒤에 있는 것을 본다. 이해력을 얻으려고 애쓰고 지혜에 마음을 기울이므로, 그의 길은 뚜렷하고 명백하며 그의 가슴은 궁극적인 평화를 미리 조금 맛본다.

격정을 따르는 사람은 하찮은 것, 즉 빠르게 사라지고 기억할 만한 어떤 것도 남기지 않는 일시적인 것들을 이루기 위해 맹렬히 노력한다.

열망은 매일같이 강해진다

열망을 가진 사람은 똑같은 열성으로 위대한 것, 즉 미덕, 지식, 지혜의 특성을 가진 것들을 이루기 위해 노력한다. 이러한 것들은 사라지지 않으며, 인류의 발전을 위한 영감의 기념비로 서 있다.

상인이 끊임없는 노력으로 세속적인 성공을 이루듯이, 성인聖人은 열망과 노력으로 영적인 성공을 이룬다. 자신의 정신적 에너지가 지향하는 특정 방향에 의해 한 사람은 상인이 되고 다른 한 사람은 성인이 된다.

열망의 환희가 마음을 움직일 때, 그것은 동시에 마음을 품위 있게 해 주며, 마음의 불순한 찌꺼기가 사라지기 시작한다. 열망이 마음을 붙잡고 있는 동안에는 어떠한 불순한 생각도 마음속에 들어갈 수 없다. 불순함과 순수함이 동시에 생각을 점유할 수는 없기 때문이다. 그러나 열망의 노력이 처음에는 오래 가지 않고 일시적이기 때문에, 마음은 원래 습관적으로 행하던 오류를 다시 범하게 된다. 그러므로 마음을 끊임없이 새롭게 가다듬을 필요가 있다.

순수한 삶을 사랑하는 사람은 기운을 돋구는 열망

의 빛으로 정신을 매일 새롭게 가다듬는다. 그는 일찍 일어나서 확고한 생각과 강렬한 노력으로 정신을 강화한다. 그는 정신의 본성이란 잠시도 비어 있는 채 남아 있을 수가 없어서 고귀한 생각과 순수한 열망에 붙잡혀 인도되지 않는다면, 저속한 생각과 비열한 욕망에 사로잡혀 잘못 인도된다는 것을 안다.

열망은 매일 먹여 주고, 돌보아 주며, 강화시킬 수 있으며 욕망도 마찬가지이다. 사람은 열망을 신성한 안내자로서 추구하고 정신 속에 받아들일 수 있으며 또는 무시하고 배척해 버릴 수도 있다. 매일 잠시 동안 조용한 곳, 이왕이면 야외로 나가서 밀려오는 성스러운 환희의 파도 속에서 마음의 에너지를 불러모으면 신성한 의미의 운명과 위대한 정신적 승리를 위해 마음을 준비할 수 있다. 이러한 환희는 지혜를 위한 준비 과정이고 평화의 전주곡이기 때문이다. 순수한 것들을 잘 알아볼 수 있으려면 정신이 순수한 수준으로 올라가야 하며 불순한 것을 초월해야 한다. 열망이 바로 그렇게 될 수 있는 수단이다. 열망의 도움으로 정신은 신속하고 확실하게 거룩한 차원으로 올라가며, 신성한 것들을 체험하기 시작하고,

지혜를 쌓기 시작하며, 순수한 지식의 신성한 빛을 계속 증가시킴으로써 스스로를 인도하는 법을 알게 된다.

정의에 대한 갈망, 순수한 삶에 대한 갈망, 천사 같은 열망의 날개를 타고 성스러운 환희 속에서 날아오르는 것, 이것들은 지혜로 가는 바른 길이며, 평화를 얻기 위한 바른 노력이며, 성스러운 길의 바른 시작이다.

열망은 사람을 천국으로 이끌 수 있지만 천국에 계속 머물기 위해서는 자신의 온 정신을 천국의 조건에 맞게 조화시키는 법을 배워야 한다. 유혹은 이 목적을 이룰 때까지 계속 된다.

유혹

 유혹은 생각이 순수에서 격정으로 바뀌는 것이다. 또한 유혹은 열망에서 욕망으로 돌아가는 것이다. 유혹은 욕망의 불길이 순수한 지식과 고요한 생각의 물로 꺼지게 될 때까지 열망을 위협한다. 열망의 초기 단계에서, 유혹은 미묘하고 강력한 힘을 발휘하며 적으로 간주되지만, 유혹받는 자가 스스로의 적이라는 의미에서만 적이다. 그러나 나약한 의지와 불순함을 드러낸다는 의미에서, 유혹은 정신 수행에 있어서 필수적인 요소이자 친구이다. 유혹은 실로

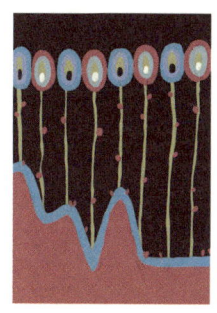

악을 극복하고 선을 이해하려는 노력에 항상 같이 따라 다닌다. 사람 내부의 악을 성공적으로 극복하려면 이를 표면으로 드러내서 실체를 보여야 하는데, 마음속에 숨겨진 악이 드러나고 폭로되는 것은 바로 유혹의 과정에서이다.

유혹이 마음에 와 닿고 관심을 끌게 되면 그것은 욕망이 극복되지 않았다는 증거이며, 유혹을 받는 사람은 자신의 끓어오르는 충동을 초월할 때까지 계속해서 유혹을 받고 넘어가게 된다. 유혹은 불순한

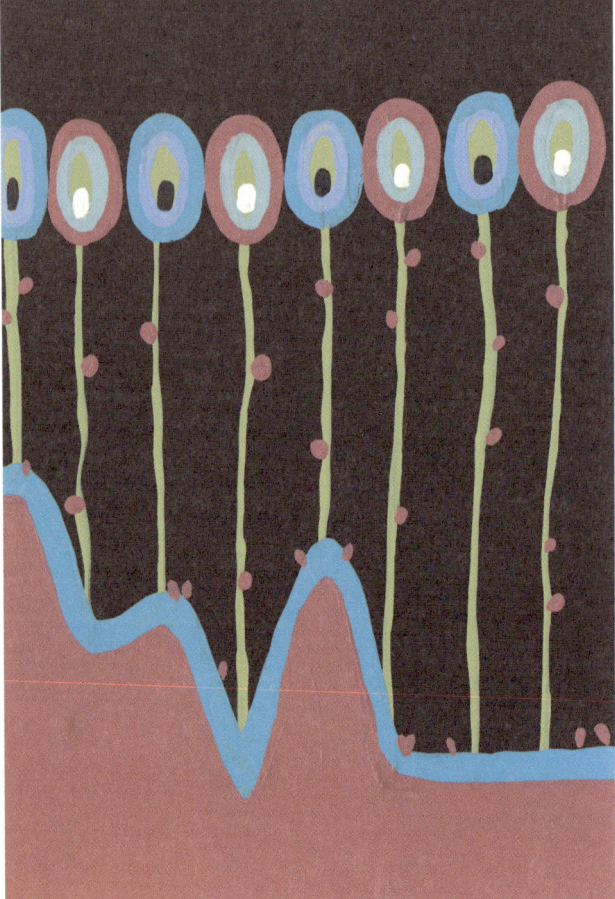

사람에게는 매력적인 요소이지만, 순수한 존재는 유혹을 받을 수도 없다.

유혹은 자신 안에 있다

열망을 가진 사람은 신성한 의식意識의 영역에 닿기 전까지는 유혹의 습격을 당한다. 그 영역 안으로 들어서면 더 이상은 유혹이 쫓아오지 못한다. 사람은 높은 경지를 열망하기 시작하면서부터 유혹을 받기 시작한다. 사람이 자기 자신의 진정한 모습을 알 수 있도록, 열망은 잠재되어 있는 모든 선과 악을 불러낸다. 자신을 충분히 알지 않고서는 자기 자신을 극복할 수 없기 때문이다. 유혹을 당한다고 해서 그를 단순히 동물적인 사람이라고 말할 수는 없다. 유혹을 받는다는 것 자체가 좀더 순수한 상태에 이르기 위해 노력하는 단계에 있다는 걸 의미하기 때문이다. 아직 열망을 품지 못한 사람에게는 동물적인 욕망과 욕구 충족이 정상적인 상태이다. 그는 자신의 감각적인 즐거움에 만족하여 그 이상 더 좋은 것을 바라지 않으며, 현재로서 만족한다. 그런 사람은 아직 높은 곳으로 오르지 않았기 때문에 유혹을 받아 떨어질 수도 없다.

열망이 있다는 것은 위쪽을 향해 적어도 첫걸음을 내딛었다는 것을 의미하며, 따라서 다시 뒤로 끌려올 가능성도 있는데. 이처럼 뒤쪽으로 끌어내리는 힘을 유혹이라 한다. 유혹의 마력은 불순한 생각과 가슴속의 타락한 욕망에 있다. 유혹의 대상은 마음이 그것에 대해 더 이상 갈망하지 않을 때 매력을 상실한다. 유혹의 본거지는 마음의 외부에 존재하는 것이 아니라 내부에 존재한다. 유혹이 전적으로 외부 대상들 때문이라는 착각에 사로잡혀서, 외부의 대상들로부터 도망치기를 계속하는 반면에 자신의 불순한 상상을 공격해서 없애 버리지 않는 동안에는, 유혹이 점점 증가할 것이고 많은 실패와 쓰라린 타락을 경험하게 될 것이다. 악이 자신의 내부에 존재하며 외부에 존재하는 것이 아니라는 사실을 분명히 이해할 때, 급속한 발전을 이루게 되고, 유혹은 줄어들 것이며, 자신의 정신적인 통찰력 범위 내에서 모든 유혹을 결정적으로 극복하게 될 것이다.

유혹은 반드시 이해해야 한다

유혹은 고통이다. 유혹은 영구적인 상태가 아니라 보다 낮은 상태에서 보다 높은 상태로 이동하는 과정이다. 완벽하고 충만한 삶은 고통이 아니라 행복이다. 나약한 의지와 패배가 있는 곳에 유혹이 뒤따르지만, 인간의 운명은 힘과 승리를 향해 나아가도록 정해져 있다. 고통이 있다는 것은 상승과 극복의 표시이다. 지속적이고 항상 새로워지는 열망을 가진 사람은 유혹이 극복될 수 없다는 생각을 허용하지 않는다. 그는 자기 자신의 주인이 되기로 결심한 사람이다. 악에게 자신을 맡기고 체념하는 것은 패배를 인정하는 것이며, 자아에 대한 싸움을 포기하고, 선을 부정하며, 악이 최고라고 인정한다는 것을 의미한다.

정력적인 사업가가 어려운 일들에 부딪쳐도 기죽지 않고 어떻게 그것들을 극복할까를 연구하듯이, 끊임없는 열망을 가진 사람은 유혹에 굴복하지 않고, 어떻게 하면 자신의 정신을 강화시킬 수 있을지에 대해 곰곰이 생각한다. 왜냐하면 유혹자(사탄)는 겁쟁이와 같아서 약점이나 경계를 게을리한 부분을 통해서만 몰래 기어 들어오기 때문이다.

유혹 받는 사람은 유혹의 본질과 의미를 깊이 연구해야 한다. 유혹의 실체를 알아야 극복할 수 있기 때문이다. 현명한 장군은 적군을 공격하기 전에, 적의 전술을 연구한다. 마찬가지로 유혹을 이기려면, 유혹이 자신의 무지와 그릇된 생각 속에서 어떻게 생겨나는지 이해하고, 자기 반성과 명상을 통해, 무지를 쫓아내고 진리와 진실을 통해 그릇된 생각을 밀어내는 방법을 연구해야 한다.

감정이 격할수록 유혹은 더 맹렬하고, 이기심이 깊을수록 유혹은 더 미묘하며, 허영심을 더 많이 말로 표현할수록 유혹은 더 좋게 보이고 더 기만적이다.

자신의 약점을 알아야 한다

진리를 알려고 하는 사람은 먼저 자기 자신을 알아야 한다. 그는 자신의 죄와 잘못을 드러낼 어떤 폭로나 계시 앞에서도 움츠러들지 말아야 한다. 오히려 그는 극기를 도와주는 자기인식에 보탬이 되는 것으로서 그런 폭로를 환영해야 한다.

자신의 잘못과 단점이 겉으로 드러나서 알려지는 것이 견딜 수 없어서 숨기려 드는 사람은 진리의 길을 걷기에 적합하지 않다. 그는 유혹과 싸워서 이겨낼 준비가 제대로 되어 있지 않은 사람이다. 자신의 낮은 본성을 두려움 없이 직시할 수 없는 사람은 극기의 높고 험한 고지를 오를 수 없는 사람이다.

유혹 받는 사람은 자기 자신이 유혹자인 동시에 유혹당하는 사람이라는 사실을 알아야 한다. 그는 모든 적이 자기 내부에 있다는 사실을 알아야 하며, 유혹하는 아첨꾼, 가슴을 찌르는 모욕적인 언사, 그리고 타오르는 격정 모두가 지금까지 자신의 마음속에 존재해 왔던 무지와 그릇된 생각으로부터 생겨났다는 것을 알아야 한다. 이런 것들을 알고 나면, 악에 대한 완벽한 승리를 확신할 수 있다. 그러므로 견디기 힘든 유혹을 받을 때 슬퍼하지 말고, 오히려 자신의 힘을 시험해 보고 약점을 드러낼 수 있는 기회로 생각하고 기뻐하라. 자신의 약점을 진정으로 알고 겸손히 인정하는 사람은 조만간 힘을 얻기 시작할 것이다.

어리석은 사람만이 다른 사람을 탓한다

　어리석은 사람들은 그들의 잘못과 죄가 다른 사람의 탓이라고 비난한다. 그러나 진리를 사랑하는 사람은 오직 자기 자신만을 탓한다. 자신의 행위에 대해서는 전적으로 자신에게 책임이 있다는 것을 인정하라. 자신이 타락했을 때, 이것 때문에, 상황이 이러해서, 혹은 그 사람 때문에 이렇게 되었다고 탓하지 말라. 타인이 나에게 할 수 있는 일은 나 자신의 선이나 악이 실체를 드러낼 기회를 주는 것이 전부이기 때문이다. 타인이 나를 선하거나 악하게 만들 수는 없다.

　유혹은 처음에는 아프고 쓰라리며 견디기 힘들고, 교활하고 끈질긴 공격을 가해 오지만, 유혹 받는 사람이 확고한 의지를 가지고 용감하게 대처하고 물러서지 않는다면, 자신의 정신적인 적을 점차 정복해 나갈 것이며, 결국에는 선에 대한 이해 속에서 승리를 거둘 것이다.

　유혹하는 적수는 바로 자기 자신의 욕정과 이기심과 오만으로 구성되어 있다. 그러므로 이것들이 뿌리뽑힐 때, 악은 아무것도 아닌 것으로 드러나고, 선이 완전한 승리의 광채 속에 나타난다.

변화

격정의 지옥에서 평화의 천국으로 가는 중간에 변화의 연옥이 있다. 이것은 죽음 너머에 있다고 하는 이론상의 연옥이 아니라, 사람의 마음속에 실제로 존재하는 연옥이다. 연옥의 불 속에서 분류되고 제련되는 과정에서 질이 나쁜 금속인 그릇된 생각은 걸러지고, 순수하게 추출된 금인 진리만 남게 된다.

유혹이 결국 슬픔과 깊은 혼란으로 이어지면, 유혹받는 사람은 유혹에서 해방되기 위해 무척 애를 쓰면서, 자신의 속박 상태가 전적으로 자기 자신 때문

임을 발견하고, 외부 상황과 맞서 싸우는 대신 자신의 정신적 상태를 변화시켜야 함을 깨닫게 된다. 변화의 시작 단계에서는 외적인 조건에 맞서 싸우는 과정이 불가피하다. 그러나 이것은 마음의 인과관계에 대한 일반적인 무지 때문에 처음에 우선 채택될 수 있는 과정일 뿐이고, 이것만으로는 결코 해방을 이룰 수 없다. 이 과정이 이루어 내는 것은 유혹의 정신적 원인에 대한 이해이며, 유혹의 정신적 원인에 대한 이해는 생각의 변화로 이어지고 생각이 변화하

면 그릇된 생각의 속박으로부터 스스로를 해방시킬 수 있게 된다.

이처럼 준비 단계에서의 투쟁은 정신적인 발전을 이루는 데 필수적인 한 단계이다. 자기 일을 스스로 할 수 없는 아기에게는 울음과 발길질이 성장하는 데 필수적인 것처럼 말이다. 그러나 유아 시기를 넘어서면 울음과 발길질이 필요하지 않은 것처럼, 정신적인 변화에 대해 알고 나면 유혹과의 격렬한 싸움도 끝나고 유혹에 영향을 받는 일도 없어진다.

깨달은 사람은 유혹과 싸우지 않는다

진정으로 현명한 사람, 즉 유혹의 근원과 원인에 대해 깨달은 사람은 외적인 유혹물과 싸우지 않으며 유혹물에 대한 모든 욕망을 포기한다. 그리하여 더 이상 유혹의 대상이 되지 않으며, 유혹의 힘은 뿌리째 없어진다. 그러나 이렇게 신성하지 않은 욕망을 포기하는 것이 마지막 과정은 아니다. 이것은 새롭게 변화하는 힘이 시작되는 단계이며, 이 힘을 끈기 있게 사용하면, 맑고 깨끗한 정신적 깨달음의 경지에 도달한다.

  정신적인 변화는 사람과 사물에 대한 보통의 이기주의적인 마음자세를 완전히 뒤바꾸는 데 있다. 그리고 이러한 변화는 완전히 새로운 경험의 세계를 열어 준다. 그리하여 어떤 즐거움을 얻으려는 욕망을 포기하게 되고, 그런 욕망이 근본적으로 사라지고, 의식 속에 아예 들어올 수 없게 된다. 그러나 그 욕망의 원동력이었던 정신적 힘이 없어지지 않으면, 그것은 좀더 고귀한 생각의 영역으로 옮겨져서, 더욱 순수한 에너지의 형태로 변화된다. 에너지 보존의 법칙은 물질 현상에만 적용되는 것이 아니라 정신 현상에도 똑같이 적용되며, 낮은 방향으로 가는 길이 막힌 힘은 좀더 높은 정신적 활동의 영역에서 작용한다.

오래된 습관과 방법은 없어진다

  신성한 삶을 향한 거룩한 길에서, 중간 여정인 변화의 과정은 희생의 영역이자 체념의 벌판이다. 오래된 격정, 오래된 욕망, 오래된 야망과 생각은 모두

버려지고, 좀더 아름답고, 영속적이고, 영원히 만족스러운 형태로 다시 태어나기만 하면 된다. 이것은 마치 오랫동안 소중히 간직해 왔던 귀중한 보석을 슬픈 마음으로 용해로에 던진 다음 좀더 완벽한 새 장신구로 개조하는 것과 같다. 자신의 정신을 변화시키는 사람도, 처음에는 오랫동안 소중히 지녀 왔던 생각과 습관을 버리기가 싫겠지만, 결국 그것들을 포기하고 나면 머지않아 자신이 포기했던 것들이 새로운 능력, 더 귀한 힘, 더 순수한 즐거움 –아름답고 눈부시게 빛나는, 새롭게 갈고 닦은 정신적인 보석들– 의 형태로 되돌아와 기쁨을 준다는 것을 깨닫게 된다.

선으로 변화시키는 과정

자신의 정신을 악에서 선으로 변화시키는 과정에서 죄와 진리의 차이를 점점 더 확실하게 구별하게 되고, 그렇게 되면 외적인 조건과 타인의 행동이나 태도에 따라서 동요하거나 자극받는 일이 없어지고, 진리에 대한 이해를 기초로 행동하게 된다. 먼저 자신의 잘못들을 인정하고 철저한 지성과 겸손한 마음으로 그것들을 대면하는 사람은 그릇된 생각을 정복하고 변화시킨다.

변화의 초기 단계는 고통스럽지만 그 시기는 짧다. 고통은 금새 순수한 정신적 기쁨으로 변화하기 때문이다. 그리고 변화 과정을 수행하는 지성과 에너지의 크기만큼 고통의 시간이 더 짧다.

자신의 고통의 원인이 타인의 태도에 있다고 생각하는 동안에는 고통을 초월하지 못한다. 그러나 자기 자신 안에 그 원인이 있음을 이해하고 나면 고통을 초월하여 기쁨의 세계로 들어갈 것이다.

깨달음을 얻지 못한 사람은 자신에 대한 다른 사람의 잘못된 태도라고 여기는 것 때문에 방해받고, 상처받으며, 마음이 무너진다. 이는 자기 마음속에도 똑같이 잘못된 태도가 있기 때문이다. 그런 사람은 다른 사람의 나쁜 행위를 자신이 할 때는 옳은 것으로 여기고서, 똑같은 행위로 남에게 보복한다. 남을 비방하는 사람은 자신도 비방을 당하며, 증오하는 사람은 증오를 받으며, 분노하는 사람은 다른 사람의 분노를 산다. 이것은 악의 작용과 반작용이다. 즉, 이기심과 이기심이 충돌하는 것이다. 다른 사람의 악에 영향받을 수 있는 것은 그 사람 안에 있는 자아 또는 이기적 요소밖에 없다. 자신의 내부에 있는 진리나 신성한 자질에는 그 악이 접근할 수 없으며, 하물며 그것 때문에 방해받거나 혼란스러워지는 일은 있을 수 없다.

현명한 사람은 증오를 사랑으로 대한다

변화를 일으키는 것은 이러한 자아를 진리로 완벽하게 뒤바꾸는 것이다. 깨달음을 얻은 사람은 다른 사람의 악이 자신을 해치고 정복할 힘을 갖고 있다는 망상을 버린다. 인간은 자기 자신의 악에 의해서만 무너진다는 심오한 진리를 그는 이해한다. 그리하여 그는 자신의 죄와 고통을 다른 사람의 탓으로 돌리지 않고, 자신의 마음을 정화하는 데 전념한다. 또한 그는 자신의 정신적 태도를 바꾸는 과정에서 저속한 이기적 힘들을 고귀한 도덕적 속성으로 변화시킨다. 죄와 잘못의 광석이 희생의 불길 속에 던져지고, 순수한 금인 진리가 거기서 제련되어 나온다.

이러한 사람은 외적인 유혹의 공격을 받을 때에도

확고부동한 자세를 지킨다. 그는 자기 자신의 주인이지 노예가 아니다. 그는 자신을 격정의 충동과 동일시하지 않고 진리와 동일시한다. 그는 악을 극복하고 선에 몰입한다. 그는 그릇된 생각과 진리를 둘 다 알고 있으며 그릇된 생각을 버리고, 진리에 자신을 조화시킨다. 그는 악을 선으로 갚는다. 외부로부터 악의 공격을 많이 받을수록 내부의 선을 드러낼 기회가 많아진다. 어리석은 자와 현명한 자를 확실히 구별하는 기준은 바로 이런 것이다. 즉, 어리석은 사람은 격정을 격정으로 맞서고, 증오를 증오로 맞서고, 악을 악으로 갚지만, 현명한 사람은 격정을 평화로 맞서고, 증오를 사랑으로 대하고, 악을 선으로 갚는다.

격정을 도덕적 힘으로 변화시켜라

사람들은 자신의 정화되지 않은 본성의 적극적인 도움을 통해 스스로에게 고통을 끼친다. 따라서 자신의 마음을 정화시키는 정도만큼 완전한 평화에 도달한다. 사람들이 맹목적인 격정을 추구하는 가운데

소모하는 정신적 에너지는 올바른 방향으로만 향한다면 그들을 최고의 지혜에 도달할 수 있도록 하기에 충분하다. 물이 수증기로 변하면 좀더 한정되고 넓게 미치는 새 힘이 되듯이, 격정도 지적인 도덕적 힘으로 변화하면 고귀하고 확고한 목적을 이루기 위한 새 삶, 새 힘이 된다.

정신적인 힘들은 분자처럼 대극(對極)이 있어서 음극이 있는 곳에 양극도 있다. 무지가 있는 곳에 지혜도 가능하며, 격정이 많은 곳에 평화가 기다리며, 많은 고통이 있는 곳에는 많은 행복이 가까이 있다. 슬픔은 기쁨의 부정이며, 죄는 순수의 반대이고 악은 선의 부정이다. 대극의 한쪽이 있는 곳에는 나머지 반대쪽도 있다. 진리를 거스르는 악은, 선을 부정하는 가운데, 선의 존재를 증명한다. 그러므로 필요한 단 한가지 일은 부정적인 것에서 긍정적인 것으로 마음을 돌리는 것, 즉 불순한 욕망에서 순수한 열망으로 마음을 돌리고 격정의 힘을 도덕적 힘으로 변화시키는 것이다.

현명한 사람은 자신의 생각을 정화한다. 그래서 그는 나쁜 행위를 그만두고, 선한 행위를 한다. 잘못은

과거로 남기고 진리에 다가간다. 그리하여 죄의 유혹을 극복하고, 유혹의 고통과 슬픔의 어두운 세계를 초월해서 신성한 의식意識의 세계, 초월적인 삶에 들어간다.

초월

 사람은 유혹이라는 어두운 단계에서 변화라는 보다 밝은 단계로 넘어갈 때 성인聖人이 된다. 즉 자기정화의 필요성을 깨달은 자, 자기정화의 길을 이해하는 자, 그리고 그 길에 들어서서 자기완성에 몰두하는 자가 된다. 그런데 변화의 과정 중에 악이 줄어들고 선이 증가함에 따라, 새로운 비전, 새로운 의식, 새로운 사람이 마음속에서 나타나기 시작하는 때가 온다. 이 경지에 도달할 때, 성인聖人은 현인賢人이 된다. 그는 인간적인 삶에서 신적인 삶으로 넘어간 것

이다. 그는 "다시 태어났고", 새로운 경험의 범위가 그에게 열린다. 그는 새로운 힘을 행사한다. 그의 정신적 시야 앞에는 새로운 우주가 펼쳐진다. 이것이 초월의 단계이다. 나는 이것을 초월적 삶Transcendent Life이라 부른다.

죄에 물든 의식이 더 이상은 없을 때, 불안과 의심, 비탄과 슬픔이 끝났을 때, 정욕과 적의, 분노와 시기가 더 이상 생각을 사로잡지 않을 때, 자신의 상태에 대해 다른 사람을 탓하는 성향이 마음속에 조금도

남아 있지 않을 때, 원인과 결과의 관계를 이해하여 자기에게 주어지는 모든 상황이 당연하고 좋은 것으로 보이고 따라서 어떤 사건도 정신을 괴롭힐 수 없을 때, 그때 비로소 초월의 경지가 획득된다. 그때 사람은 제한된 인간적 개성에서 벗어나고 신성한 삶을 알게 되며, 악을 초월하고 선善이 전부가 된다.

원칙이 초월적 삶을 다스린다

신적 의식神的 意識은 인간성의 강화가 아니라 새로운 형태의 의식이다. 이 새로운 의식은 이전의 낡은 의식에서 나오지만 그것의 계속이 아니다. 죄와 슬픔에 물든 보다 낮은 삶에서 태어나지만, 고통스러운 산고産苦의 시기를 거친 뒤, 이 새로운 의식은 그 낮은 삶을 초월하고 그 삶에 전혀 참여하지 않는다. 이것은 마치 만개한 꽃이 자신의 근원인 씨앗을 초월하는 것과 같다.

격정이 이기적 삶의 기본 특징이듯이 평온함은 초월적 삶의 기본 특징이다. 초월적 삶 속으로 올라가면, 사람은 불화와 혼란 너머로 상승한다. 완벽한 선을 깨닫고 알게 될 때, 그것도 어떤 견해나 아이디어로서가 아니라 하나의 체험이나 소유물로서 알게 될 때, 그때 고요한 비전을 얻어 삶의 모든 변화 속에서도 평온한 기쁨이 변치 않고 머물게 된다. 초월적 삶을 다스리는 것은 격정이 아니라 원리와 원칙이다. 초월석 삶은 덧없는 충동에 근거하는 것이 아니라 변하지 않는 법칙에 근거한다. 초월적 삶의 맑고 깨끗한 분위기 속에서는 모든 현상의 질서정연한 전후관계가 밝혀져 슬픔, 불안, 후회의 여지가 전혀 없음이 드러난다. 사람이 자아의 격정에 빠져 있는 동안에는 걱정으로 스스로를 괴롭히고 많은 것들에 대해 근심한다. 그리고 다른 무엇보다 더 많이 근심하는 것은 바로 고민에 짓눌린, 고통으로 신음하는 그들 자신의 사소한 개인적 자아personality에 대해서이다. 그리하여 자아의 덧없는 쾌락에 대해, 자아를 방어하고 보존하는 것에 대해, 그리고 자아를 영원히 안전하게 유지하는 것에 대해 염려한다. 그러나 현명하고 선한 삶 속에서는 이 모든 것이 초월된다. 세계의 보편적 목적이 개인적 이해관계를 대신하고 개인적 자아의 쾌락과 운명에 관한 모든 걱정, 근심, 염려는 한밤의 악몽과 같이 사라진다.

초월은 이기심을 뛰어 넘는다

격정은 맹목적이고 무지하다. 격정은 자신의 개인적 만족밖에 모른다. 자아는 어떤 법칙도 모른다. 자아의 목적은 얻고 즐기는 것 뿐이다. 자아가 얻으려고 하는 것은 감각적 쾌락에 대한 욕심에서부터, 다양하고 미묘한 허영심을 거쳐, 혼자 천국에 가려는 희망이나 개인적인 불멸성에 대한 욕구에 이르기까지 다양한 등급의 단계가 있지만 그것은 여전히 이기심이다. 그것은 좀 더 미묘하고 기만적인 형태로 다시 나타난 이전의 육욕적 갈망이다. 그것은 어떤 개인적 쾌락에 대한 갈망이며, 그 쾌락을 영원히 잃지 않을까 하는 두려움을 수반한다.

초월적 경지에서는 욕망과 두려움이 존재하지 않는다. 이익에 대한 갈망과 상실에 대한 두려움이 더 이상 존재하지 않는다. '우주의 보편적 질서universal order'가 보이고 보편적인 선이 보이고, 그 선 안에서 영원한 즐거움을 누리는 것이 보통의 상태인 경지에서 두려워할 무엇이 남아 있겠는가?

자신의 본성 전체를 정의의 법칙에 맞추고 그 법칙과 조화를 이룬 사람, 자신의 생각을 순수하게 만들고 행위가 결백한 사람, 바로 그가 자유 속으로 들어간 사람이다. 그는 어둠과 '죽을 운명mortality'을 초월했으며 빛과 영원한 생명 속으로 넘어갔다. 초월적 상태는 첫 단계에서는 보다 높은 수준의 도덕성이며 그 다음엔 새로운 형태의 인식이고 마지막에는 세계의 도덕적 인과관계에 대한 폭넓은 이해이다. 그리고 이 도덕성, 이 통찰력, 이 이해는 새로운 의식을, 즉 신적인 삶을 구성한다. 초월적 인간이란 이기심의 지배를 벗어나고 초월한 사람이다. 그는 악을 초월했으며, 선을 실천하고 이해하는 가운데 살아간다. 그는 마치 침침한 시력으로 오랫동안 세상을 보다가 이제 건강한 시력을 회복하여 사물과 현상을 있는 그대로 보는 사람과 같다.

선의 새로운 경험들

악은 하나의 경험에 불과하며 결코 힘이 아니다.

만약 악이 이 우주에서 하나의 독립된 힘이라면, 어떤 존재도 악을 초월할 수 없을 것이다. 비록 하나의 힘으로서 실재하지는 않지만, 악은 하나의 조건, 하나의 경험으로서는 현실이다. 모든 경험은 현실reality의 성질을 띠고 있기 때문이다. 악은 무지와 미성숙의 상태이며, 그렇기에 지식의 빛 앞에서 움츠리고 사라진다. 그것은 마치 어린이의 무지가 배움의 증가에 비례해서 점차 사라지는 것과 같고, 또는 떠오르는 태양빛 앞에 어둠이 사라지는 것과 같다.

악의 고통스러운 경험은 선의 새로운 경험들이 의식의 영역 속으로 들어오고 의식을 소유함에 따라 사라진다. 그렇다면 선의 새로운 경험들이란 무엇인가? 그것들은 다양하고 아름답다. 예를 들면, 죄로부터의 자유라는 기쁜 앎, 후회 없음, 모든 유혹의 고통으로부터 해방, 이전에는 심한 고통을 일으켰던 조건과 상황 속에서 누리는 형용할 수 없는 기쁨, 다른 사람의 행위로 인한 손해에 상처입지 않음, 위대한 인내력과 인격의 아름다움, 모든 상황 하에서 평온한 정신, 의심과 공포와 불안으로부터의 해방, 자신의 적이나 반대자가 되는 것처럼 보이는 사람들에 대해서도 다정하게 느끼고 행동하는 능력과 함께 혐오, 질투, 증오로부터의 자유, 저주에 대해 축복을 보내고 악을 선으로 갚는 신적인 능력, 인간 마음의 근본적인 선함에 대한 이해와 함께 인간 심리에 대한 깊은 지식, 인과응보의 법칙과 존재자들의 정신적 진화의 법칙에 대한 통찰력, 인류를 기다리고 있는 최고선最高善에 대한 선견지명, 그리고 무엇보다도, 악의 한계와 무력함 안에서 그리고 선의 영원한 주권과 힘 안에서 즐거움을 누리는 것이다. 이 모든 것, 그리고 이것들이 의미하고 포함하는 고요하고 강하고 광대한 삶이 초월적 인간이 누리는 풍요로운 경험이며, 이와 함께 새로운 의식 속에서 삶에 샘솟는 모든 새롭고 다양한 발상, 거대한 힘, 보다 활기 띤 능력들, 확대된 수용 능력도 초월적 인간이 누리는 경험이다.

악은 선을 계몽시킬 수 없다

초월성은 탁월한 덕이다. 악과 선은 공존할 수 없다. 선을 붙잡고 이해하기 전에 먼저 악을 버리고 떠

나고 초월해야 한다. 그리고 선을 실천하고 완전히 이해하면, 그때 정신의 모든 고통은 끝난다. 왜냐하면 악한 의식 속에서 고통과 슬픔을 동반하는 요소들이 선한 의식 속에서는 고통과 슬픔을 동반하지 않기 때문이다. 무슨 일이 선한 사람에게 일어나든 간에 그것은 당혹감이나 슬픔을 선한 사람에게 일으키지 못한다. 왜냐하면 그는 그 일의 원인과 결과를 알고, 그 일로 인해 자신이 성취하게 될 덕과 이익을 알기 때문이다. 그래서 그의 마음은 늘 기쁘고 평화롭다. 선한 사람은 몸이 속박되더라도 정신은 자유롭고, 몸이 상처를 입거나 고통을 느끼더라도 즐거움과 평화가 마음속에 늘 머문다.

한 정신적 스승에게 영리하고 성실한 한 제자가 있었다. 몇 년간의 배움과 수련 후에 어느날 그 제자는 스승이 답변할 수 없는 질문을 던졌다. 며칠 동안 깊이 명상한 후에 그 스승은 제자에게 이렇게 말했다. "나는 너의 질문에 답을 줄 수 없다. 너에게 어떤 해답이 있는가?" 그래서 그 제자는 자신의 질문에 대한 답변을 명확하게 말했다. 그러자 스승이 말했다. "너는 내가 답할 수 없는 질문에 답을 했다. 이제부터는 나도 다른 어떤 사람도 너를 지도할 수 없다. 참으로 이제는 진리가 너를 가르치고 있다. 너는 위풍당당한 독수리처럼 아무도 따를 수 없는 높이까지 솟아올랐다. 너의 일은 이제 다른 사람을 가르치는 것이다. 너는 더 이상 제자가 아니다. 너는 스승이 되었다."

신성한 지혜를 얻은 사람은 그가 극복하고 넘어서 버린 이기적 삶을 되돌아 볼 때, 지난 날의 모든 고통들이 자신을 가르치고 향상시켜 준 선생님이었음을, 그리고 자신이 그 고통들의 의미를 깊이 이해하고 그 고통들 너머로 스스로를 향상시키는 정도만큼 그것들이 떠나갔음을 이해한다. 그 고통들은 그를 가르치는 사명이 끝났으므로, 그 분야에서 그를 성공적인 스승으로 만들어 놓고 떠나간 것이다. 왜냐하면 보다 낮은 것은 보다 높은 것을 가르칠 수 없고, 무지는 지혜를 가르칠 수 없고, 악은 선을 계몽시킬 수 없고, 제자가 스승을 위해 학습 과정을 정할 수 없기 때문이다. 초월된 것은 초월한 주체의 높이에 도달할 수 없다. 악은 오직 자신의 영역 안에서만, 악이 스승으로 간주되는 그 영역 안에서만 가르칠 수 있다. 선의 영역에서는 악이 자리를 차지할 장소도 없고 권위도 전혀 없다.

결국 모든 것은 초월이다

 진리의 큰 길을 걷는 강한 여행자는 악에 대한 체념 같은 것을 전혀 알지 못한다. 그는 선에 복종하는 것만 안다. "죄를 극복할 수는 없고 악은 참아낼 수밖에 없다"라고 말하면서 악에 복종하는 사람은 악이 그의 스승임을, 그리고 그를 가르치는 스승이 아니라 그를 속박하고 억압하는 스승임을 인정하는 셈이다. 선을 사랑하는 사람은 악을 사랑할 수 없고, 악이 상승하는 것을 단 한 순간도 묵인할 수 없다. 그는 선을 높이고 찬양하며, 악을 높이지 않는다. 그는 빛을 사랑하며, 어둠을 사랑하지 않는다. 어떤 사람이 진리를 그의 스승으로 삼을 때, 그는 잘못된 생각들을 버린다. 그리고 그가 잘못된 생각들을 극복함에 따라, 그는 더 많이 스승을 닮아간다. 그리하여 마침내 그는 진리와 하나가 되고, 그의 행위를 통해 정신적 스승으로서 진리를 가르치고 그의 삶 가운데 진리를 나타낸다..

초월은 비정상적인 상태가 아니다. 초월은 정신적 진화의 질서정연한 과정에 속한다. 아직까지는 소수의 사람만이 그 경지에 도달했지만, 시대가 계속되는 동안 모든 사람이 그 경지에 도달하게 될 것이다. 그리고 그 경지까지 올라간 사람은 더 이상 죄를 짓지 않고, 더 이상 슬퍼하지 않고 더 이상 근심하지 않는다. 그의 생각은 선하고 그의 행위도 선하며 그의 평화로운 인생 행로도 선하다. 그는 자아를 극복했고 진리에 복종했다. 그는 악을 정복했고 선을 이해했다. 이제부터는 사람도 책도 그를 가르칠 수 없다. 왜냐하면 최고선이, 그리고 진리의 영이 그를 가르치기 때문이다.

최상의 행복

 신성한 선善을 실천할 때, 삶은 더없는 행복이 된다. 극진한 행복은 선한 사람의 정상적인 상태이다. 다른 사람들에게는 고통거리가 될 만한 외부적인 비난과 공격, 골칫거리, 박해도 그의 행복을 증진시키는 데 이바지할 뿐이다. 왜냐하면 그것들은 그의 내면 깊은 곳에 있는 선의 원천이 더 크고 풍요롭게 샘솟도록 하기 때문이다.

 초월적인 덕을 지니면 초월적인 행복을 누리게 된다. 예수가 제시한 참된 행복은 복된 덕을 지닌 사람

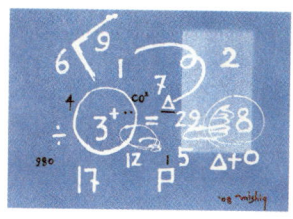

들 ―자비로운 사람들, 마음이 순수한 사람들, 평화를 만들어가는 사람들― 에게 약속되어 있다. 차원높은 덕은 행복으로 인도할 뿐만 아니라, 그것 자체가 행복이다. 초월적인 덕을 지닌 사람이 불행해지는 것은 불가능하다. 불행의 원인은 마음속에 있는 자기희생적인 특성들 안에서가 아니라 이기적 요소들 안에서 추적되고 발견되어야 한다. 사람은 덕이 있으면서도 불행할 수 있지만, 신성한 덕을 지녔을 때는 불행해질 수 없다.

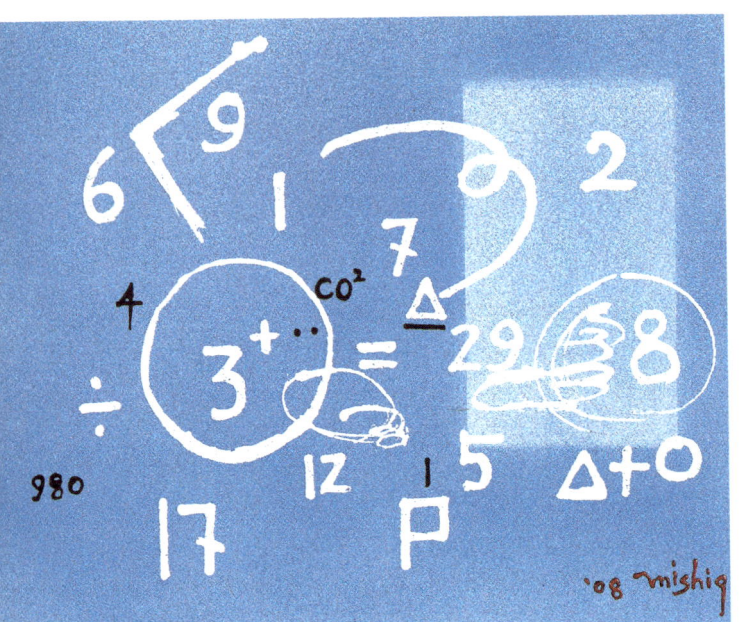

인간적 덕을 뛰어넘는 신성한 덕

인간적인 덕은 이기심과 섞여 있고, 따라서 슬픔과 섞여 있다. 그러나 신성한 덕은 모든 이기심의 흔적까지 제거되고, 이기심과 함께 모든 불행의 자취까지 제거되었을 때에 얻어지는 것이다. 이것을 설명하기 위해서는 한 가지 비유를 드는 것으로 충분할 것이다. 사람은 공격과 자기 방어의 면에서 사자와 같은 용기(그런 용기가 인간적인 덕이다)를 가질 수 있다. 그러나 그런 용기를 가진다고 해서 최고의 행복을 누리지는 못할 것이다. 그런데 공격과 방어를 둘 다 초월하게 하고 공격을 당할 때도 유순하고 침착하고 사랑스럽게 남아 있도록 하는 그런 신성한 용기를 가진 사람이 있다면, 그는 그 용기로 인해 최고로 행복해질 것이다. 더욱이 그를 공격했던 사람은 신성한 덕을 지닌 사람의 더 강력한 선이 타인의 모질고 불행한 악을 극복하고 없애 버린다는 점에서 더 행복해질 것이다.

인간적인 덕을 획득하는 것은 진리를 향한 큰 도약이지만 신성한 길은 그것을 초월한다. 진리는 인간적인 것 너머에 있다.

혼자 하늘나라를 가기 위해 또는 개인적인 불멸성을 얻기 위해 선을 행하는 것은 인간적인 덕이지만, 이기심이 다소 섞여 있으므로 슬픔에서 해방되지 못한다. 초월적인 덕 속에서는 모든 것이 선하고 선이 모든 것이다. 그리고 거기엔 어떤 개인적인 목적이나 숨은 속셈이 없다. 인간적인 덕은 불완전하다. 그것은 저열하고 이기적인 요소와 섞여 있어서 바뀔 필요가 있다. 신성한 덕은 흠이나 결점이 없고 순수하다. 그것은 완전하며 그 자체로 완벽하다.

행복을 실현하는 10가지 초월적인 덕

그렇다면 모든 행복을 실현하는 초월적인 덕들은 무엇인가? 그것들은 다음과 같다.

공명정대: 인간의 마음과 행동을 아주 깊이 이해함으로써 어느 한 사람이나 어느 한 당파를 편드는 일이 불가능해지고 따라서 완벽히 공정해지는 힘.

끝없는 친절: 적이든 친구든 상관없이 모든 사람과 피조물에 대한 무제한의 친절.

완벽한 인내: 모든 시간과 상황 속에서, 그리고 가

장 가혹한 시련 속에서도 유지되는 인내.

깊은 겸손: 전적인 자아 포기, 자기 자신의 행위에 대해 마치 다른 사람의 행위인 것처럼 판단하는 것.

흠없는 순수성: 마음과 행위의 순수함, 모든 악한 생각과 불순한 상상으로부터의 자유.

깨지지 않는 마음의 평온: 외부와의 투쟁의 한가운데서도, 또는 수많은 우여곡절과 변화의 혼란 속에 휘말려 있을 때도 유지되는 평정심.

변치 않는 마음의 선함: 악에 영향받지 않고 악을 선으로 갚는 굳건함.

동정심: 고통 속에 있는 모든 존재들과 피조물에 대한 깊은 연민. 약하고 힘없는 자들을 보호함. 동정심 때문에 자신의 적까지도 상해와 비방으로부터 보호함.

풍부한 사랑: 모든 살아 있는 존재들을 향한 충만한 사랑. 행복하고 성공적인 사람들과 함께 기뻐하고 슬퍼하고 좌절한 사람들에게 동정심을 느낌.

모든 존재들을 향한 완벽한 평화: 세계 전체와 평화를 이루는 것, 우주의 신성한 질서와 깊은 조화를 이루는 것.

현자의 왕관에 박힌 열 개의 보석

 이러한 것들이 악덕과 덕 모두를 초월하는 덕들이다. 그것들은 덕이 구현하는 모든 것을 포함하며, 덕을 넘어서 신성한 진리에까지 나아간다. 그것들은 성취하고자 하는 무수한 노력의 열매이며, 자기를 극복하는 사람의 영광스러운 재능이며, 그것들은 자기 자신을 극복한 사람의 고요한 이마에 맞게 준비된, 열 개의 보석이 박힌 왕관을 이룬다. 이러한 장엄한 덕으로써 현자賢者의 정신은 장식된다. 이러한 덕에 의해 그는 죄와 슬픔으로부터, 손해와 상처로부터, 근심과 혼란으로부터 영원히 보호된다. 이러한 덕 안에서 현자는 행복하게 살아간다. 그 행복은 너무 순수하고 평화롭고, 너무 깊고 고귀하고, 자아가 즐기는 모든 덧없는 자극과 흥분을 아주 멀리 초월하기 때문에 이기적인 정신을 가진 사람에게는 알려지지 않고 이해될 수도 없는 더없는 희열과 기쁨이다.

 현자는 걱정을 극복했고 영원히 변치 않는 평화에 도달했다. 거대한 산은 그 기슭 주변에 철썩이는 사나운 파도에 조금도 꿈쩍하지 않듯이, 현자의 정신은 고귀한 덕 안에 늠름하게 머무름으로써 삶의 현실에 끊임없이 부딪치는 격정의 사나운 비바람 속에서도 흔들림 없이 살아간다. 선하고 현명하므로 그는 언제나 즐겁고 침착하다. 초월적인 덕을 지녔으므로 그는 기쁨과 행복 속에 살아간다.

평화

 격정이 있는 곳에 평화는 없다. 평화가 있는 곳에 격정은 없다. 이것을 아는 것은 완벽한 행위라는 신적神的 언어에서 첫 글자를 숙달하는 것이다. 격정과 평화가 함께 거주할 수 없다는 것을 알고 나면 보다 작은 것을 기꺼이 포기하고 보다 큰 것을 붙잡으려 할 것이다.

 사람들은 평화를 기원하지만 격정에 집착한다. 사람들은 투쟁을 마음에 품고 있으면서도 거룩한 안식을 기원한다. 이것은 무지요, 뿌리깊은 영적 무지이

다. 그것은 신적인 일들에 관한 가장 기본적인 사실도 모르는 것이다.

　미움과 사랑, 투쟁과 평화는 한 마음 안에 공존할 수 없다. 하나가 환영받는 손님으로 받아들여지면, 다른 하나는 달갑지 않은 외부인으로 외면당할 것이다. 다른 사람을 경멸하는 사람은 다른 이들로부터 경멸당할 것이다. 자기 이웃을 적대하는 사람은 그 자신도 저항당할 것이다. 그는 사람들이 분열되어 있다는 사실에 대해 놀라거나 슬퍼해서는 안 된다. 그

는 자신이 투쟁을 퍼뜨리고 있음을 알아야 한다. 그는 자신에게 평화가 부족하다는 것을 이해해야 한다.

다른 사람을 정복하는 자는 용감한 인간이다. 그러나 자기 자신을 정복하는 자는 최고로 고귀한 인간이다. 다른 사람을 이긴 사람은 결국 누군가에게 패배당하게 될 것이다. 그러나 자기 자신을 이긴 사람은 절대로 정복당하지 않을 것이다.

자기 극복만큼 완벽한 평화는 없다

완벽한 평화는 자기 극복이라는 방법으로 성취된다. 외부 상황과 격렬하게 맞서 싸우는 것으로부터 돌아서서 자기 마음속의 악과 싸우는 고귀한 전쟁에 착수해야 하는 가장 중대한 필요성을 알고 나서야 사람은 그 사실을 이해하고 완벽한 평화에 다가갈 수 있다. 세상의 적은 외부에 있지 않고 마음속에 있다는 사실, 자신의 제어되지 않은 생각들이 혼란과 투쟁의 원인이라는 사실, 자신의 순화되지 않은 욕망들이 스스로의 평화와 세상의 평화를 해치고 있다는 사실을 깨달은 사람은 이미 거룩한 길에 들어섰다.

만약 누군가가 정욕과 분노를, 미움과 오만을, 이기심과 탐욕을 극복했다면, 그는 세상을 이긴 것이다. 그는 평화의 적들을 죽였고, 평화가 그와 함께 머문다.

평화는 싸우지 않는다. 평화는 당파심이 없고, 주제넘은 목소리가 전혀 없다. 평화의 승리는 불멸의 침묵이다.

힘으로 제압당한 사람은 마음속까지 제압당하지 않는다. 그는 이전보다 더 큰 적이 될 수도 있다. 그러나 평화의 정신에 의해 제압당한 사람은 그로 인해 마음이 변화한다. 적이었던 사람이 친구가 된다. 힘과 투쟁은 격정과 공포에 영향을 미치지만 사랑과 평화는 마음속에 도달하고 마음을 변화시킨다.

마음이 순수하고 현명한 사람들은 마음속에 평화를 가지고 있다. 그래서 그 평화가 그들의 행동 속으로 들어오고 그들은 삶 속에서 평화를 실천한다. 평화는 투쟁보다 더 강력하다. 힘이 실패하는 곳에서 평화가 정복한다. 평화의 날개는 올바른 사람들을 보호한다. 평화의 보호 아래, 악의없는 사람은 해를 입지 않는다. 평화는 이기적인 투쟁의 열기로부터

안전한 은신처를 제공한다. 평화는 패배한 사람들의 피난처요, 길 잃은 자들을 위한 천막이고, 순수한 자들을 위한 신전神殿이다.

평화는 정직한 사람을 보호한다

사람은 평화를 실천하고 소유하고 이해할 때, 죄와 후회, 욕심과 실망, 갈망과 유혹, 욕망과 슬픔 같은 정신의 모든 격동과 고통을 자아의 어두운 영역 안에 남겨두고 떠나게 된다. 그 모든 고통은 자아의 영역에 속하며, 자아를 초월한 영역으로는 들어올 수 없다. 이런 어두운 망념妄念들이 움직이는 영역 너머에, 신성한 행복의 찬란한 광야가 영원한 빛 아래 펼쳐져 있다.

고귀하고 성스러운 길을 걷는 여행자는 합당한 때에 이러한 행복의 경지에 도달한다. 마음을 속박하는 격정의 늪에서 나와, 여러가지 허영심과 부질없는 일이라는 가시 많은 숲을 통과하고, 의심과 절망이라는 불모의 사막을 지나서, 뒤돌아보지 않고 게으름을 피우지도 않은 채, 최상의 목적지를 향해 항상 움직이면서, 그는 여행을 계속한다. 그리하여 마침내 그는 온순하고 겸손하면서도 강하고 빛나는 정복자가 되어 아름다운 평화의 도시에 도착한다.